LIONEL MESSI

★ ACCESO TOTAL ★

Emma Carlson Berne

Scholastic Inc.

Photos Credits: Cover: Mark J. Terrill/AP Images, cnythzl/Getty Images, ulimi/Getty Images, Astrolounge/Getty Images, vkulieva/Getty Images, Saramix/Shutterstock, thebaikers/Shutterstock, Nikolaeva/Shutterstock, ulimi/Getty Images, Farferros/Shutterstock. Insert 1: Marcelo Boeri/El Grafi co/Getty Images, DANIEL GARCIA/AFP/Getty Images, Matt Roberts/Off side/Getty Images. 2: Pressefoto Ulmer\ullstein bild/Getty Images. 3: Abaca Press / Alamy Stock Photo, Shaun Botterill/Getty Images, Gabriel Rossi/LatinContent/ Getty Images. 4: Marc Gonzalez Aloma/Europa Press/Getty Images, Matthias Hangst/ Getty Images. 5: Simon Bruty/Anychance/Getty Images, Pablo Morano/BSR Agency/ Getty Images. 6: David Ramos - FIFA/FIFA/Getty Images. 7: David Ramos - FIFA/FIFA/Getty Images, Arturo Jimenez/Anadolu Agency/Getty Images. 8: Mike Ehrmann/Getty Images, Pascal Le Segretain/Getty Images.

ISBN 978-1-5461-7653-4

10 9 8 7 6 5 4 3 2 1   25 26 27 28 29

Printed in U.S.A.   40

First Spanish printing 2025

Series design by Sarah Salomon for The Story Division

Cover and photo insert design by Lynne Yeamans and Nancy Leonard for The Story Division

Spanish translation edited by María Domínguez

ÍNDICE

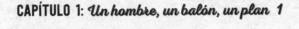

CAPÍTULO 1

Un hombre, un balón, un plan

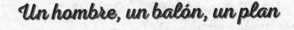

En un estadio repleto en Qatar, un zurdo con camiseta a rayas celestes está a punto de ofrecer un regalo a los dioses —y a los fanáticos— del fútbol. El partido final de la Copa Mundial de 2022 iba por el minuto veintitrés. Argentina, con su gran estrella Leo Messi, se enfrentaba a Francia y a su líder, Kylian Mbappé. El marcador estaba 0-0. El jugador francés Ousmane Dembélé había cometido una falta contra el argentino Ángel Di María. Por eso Argentina iba a cobrar un penalti. Tendrían un tiro libre a la portería, con solo el portero entre el balón y la red.

Todos sabían que había un solo jugador

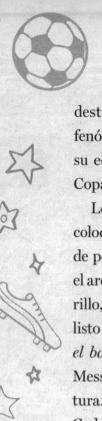

destinado a cobrar el penalti: Lionel Messi, el fenómeno de 35 años que había conducido a su equipo hasta este momento decisivo de la Copa Mundial.

Leo tomó posición en la cancha. El árbitro colocó el balón sobre la marca blanca del punto de penalti. A doce yardas, frente a la portería, el arquero francés Hugo Lloris, vestido de amarillo, se movía con los brazos semiextendidos, listo para lanzarse en frente del misil —es decir, *el balón*— de Messi. Parado frente al balón, Messi miró al pasto con las manos en la cintura. Respiró profundo, inflando las mejillas. Cada fibra de su ser estaba concentrada en este instante.

Escupió y levantó la vista. Lloris seguía danzando, sereno, frente a la portería. Entonces el árbitro de camiseta roja extendió su brazo al costado e hizo sonar el silbato.

Leo corrió hacia adelante y, con los brazos abiertos, por un instante hizo una finta a la izquierda. Lloris captó la señal falsa y se lanzó

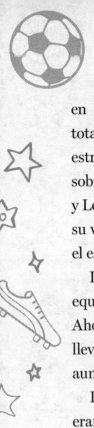

en esa dirección, dejando el flanco derecho totalmente desprotegido. El disparo de Leo se estrelló contra la red al tiempo que Lloris caía sobre el pasto en el lado opuesto de la portería, y Leo salió corriendo por la cancha, celebrando su victoria, mientras los hinchas hacían vibrar el estadio.

Leo se lanzó al pasto y sus compañeros de equipo se apilaron sobre él para celebrar el gol. Ahora iban ganando 1-0 y sus posibilidades de llevarse el título de la Copa Mundial iban en aumento... gracias a Leo.

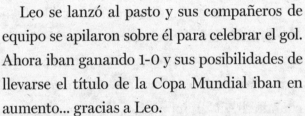

Los miembros de la selección argentina no eran los únicos que estaban celebrando esa noche. Alrededor del mundo, los fanáticos del fútbol daban gracias porque Leo Messi caminara sobre la tierra. Después de todo, el hombre era uno de los más grandes jugadores de la historia del fútbol, tras haber acumulado premios y trofeos como si recogiera guijarros del suelo, y anotado más de ochocientos goles en su carrera.

A primera vista, Leo no parece ser la superestrella que es. Es de baja estatura, solo mide cinco pies siete pulgadas. En la cancha, cuando hay una pausa en el partido, se le ve sereno, caminando o parado junto al balón. No parece muy interesado en el hecho de que millones de personas lo están observando.

Pero Leo no está indiferente o aburrido. Está pensando, analizando, haciéndose un mapa mental de dónde está el balón y, más importante aún, adónde quiere que vaya. Y entonces, cuando llega el momento —ni un segundo antes—, Leo se transforma en una explosión de acrobacias, fintas y pasillos de baile con el balón adherido a sus botines como por arte de magia.

Pero Lionel Messi es más que un mago del fútbol. Es un hombre sereno, sin inclinación al drama, cuya idea de un día perfecto es llevar a sus tres hijos a la escuela a pie, y luego tomar un mate con su esposa. Es un tipo que quiere tanto a su madre que una vez recibió una tarjeta amarilla por mostrarle un cartel de felicitación de cumpleaños en plena cancha. Es Leo Messi, y es imposible encasillarlo... excepto en la casilla destinada al futbolista más grande de todos los tiempos.

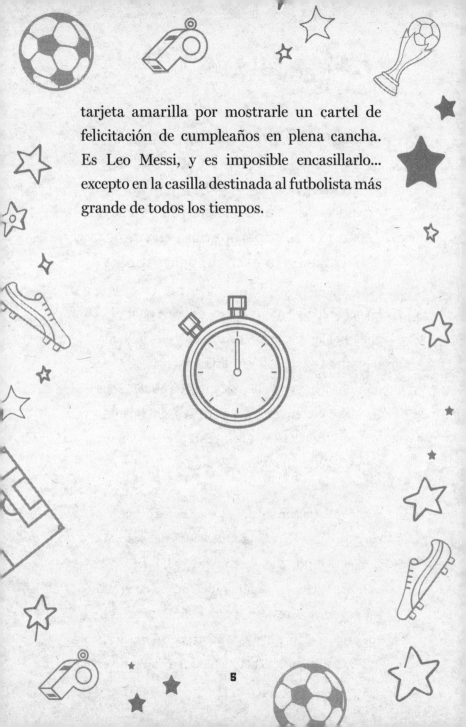

Escuela de fútbol

¿Fútbol? ¿Futbol? ¿Fútbol asociación?
¿Balompié? ¿Cómo se llama? El fútbol
será "el juego bonito", pero eso no
quiere decir que sea siempre fácil de
entender. ¡Prepárate para tu primera
clase en la escuela del fútbol!

 En general, es fútbol, y no tiene nada que ver con
el fútbol americano. A este deporte se le llama
"football" o "fútbol" en casi todos los países del
mundo, incluyendo las naciones de Sudamérica y
Europa. Solo en unos pocos países lo llaman
"soccer", principalmente en Estados Unidos,
Canadá, Australia, Nueva Zelanda y Sudáfrica.

 Fútbol asociación... *¿qué es eso?* Este término
surgió en Gran Bretaña a mediados del siglo XIX.
Con el tiempo, la gente comenzó a llamarlo "soc",
por "asociación". Y finalmente "soc" se convirtió
—ya lo adivinaste— en "soccer". En español, se
adoptó la palabra inglesa "football" (*foot* significa
"pie" y *ball* significa "balón"), que se convirtió en

"fútbol", que es como la mayoría de los hispano-
hablantes llaman a este deporte, aunque exista
también la traducción "balompié".

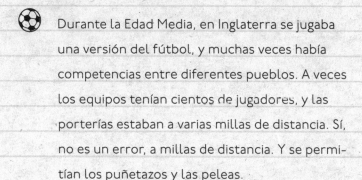 Durante la Edad Media, en Inglaterra se jugaba
una versión del fútbol, y muchas veces había
competencias entre diferentes pueblos. A veces
los equipos tenían cientos de jugadores, y las
porterías estaban a varias millas de distancia. Sí,
no es un error, a millas de distancia. Y se permi-
tían los puñetazos y las peleas.

El fútbol es el deporte más popular del mundo y
se juega en casi todos los países del planeta. Hay
unos 240 millones de jugadores inscritos en ligas,
pero los que juegan de vez en cuando por pura
diversión se cuentan en miles de millones.

Los jugadores profesionales corren un promedio
de siete millas por partido, excepto los porteros.
Esos son los que menos se mueven.

En el fútbol hay once posiciones, divididas en
cuatro áreas básicas (portero, defensa, medio-
campo y delantero). Leo juega como delantero
para el Inter Miami, que es una posición de ataque.

DATO INTERESANTE

Leo corre mucho en la cancha.
Pero además camina un
promedio de tres millas en
cada partido.

ESTAS SON ALGUNAS DE LAS COSAS PREFERIDAS DE LEO

Nada de regalos

⚽ Orden y rutinas fijas en casa. "Antes de irme a dormir me gusta dejar preparada la mesa para la mañana siguiente. Y que en el desayuno cada uno esté siempre en su lugar, en el mismo sitio", le dijo Leo al periódico español *Marca*.

⚽ Su esposa. ¡Leo dice que él admira "totalmente" a su esposa!

⚽ Reggae argentino, música pop mexicana de la banda Grupo Frontera y canciones del rapero puertorriqueño Bad Bunny y la cantante colombiana Karol G... todos en su lista de Apple Music para escuchar durante el calentamiento.

⚽ No usar zapatos en su casa. "Cuando llego a casa me quito los zapatos enseguida y, si tengo confianza, también lo hago en casa de otros", dice Leo.

⚽ ¡Carros! Leo posee una gran colección de automóviles, entre ellos un Ferrari 335 S Spider Scaglietti y un Bentley Bentayga.

⚽ ¿Deportes favoritos aparte del fútbol? Tenis, basquetbol, pádel y fútbol americano. "Estoy aprendiendo mucho sobre el fútbol americano y he llegado a comprenderlo mejor y a disfrutarlo", ha dicho Messi.

⚽ Llevar a sus hijos a la escuela caminando. Leo trata de cumplir este deber paterno cada día antes de regresar a casa para estar con su esposa.

LEO EN UNIFORME

Rayas, cuadros, rosado, rojo, negro, celeste... Leo ha hecho brillar todos los uniformes que ha usado a lo largo de los años.

- Leo comenzó su carrera con la camiseta de cuadros rojos y negros de los Newell's Old Boys.

- Rayas azules y rojas con detalles en amarillo fueron los colores de Leo durante los diecisiete años que jugó con el FC Barcelona.

- Leo vistió la camiseta azul con detalles rojos durante su breve estancia en el París Saint-Germain.

- Leo viste la elegante camiseta rosada con cuello cuando está en la cancha jugando para el Inter Miami CF.

CAPÍTULO 2

Llegar a ser Leo

Al inicio, él no era Leo. Era Lionel, y nació el 24 de junio de 1987 en Rosario, Argentina. Rosario era una de las ciudades más grandes de Argentina y contaba no con uno, sino con dos clubes profesionales de fútbol. No podía ser de otro modo: *el fútbol* era el deporte del pueblo en Argentina... no, en toda Sudamérica. En realidad, en todo el mundo. Pero en Rosario, la gente adinerada suele jugar al polo o al rugby. En las calles y las pequeñas canchas de las barriadas populares, sin embargo, se jugaba fútbol, siempre fútbol.

Cuando nació Leo, sus padres, Jorge y Celia,

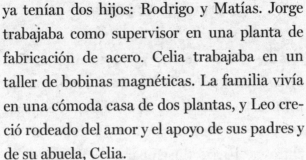

ya tenían dos hijos: Rodrigo y Matías. Jorge trabajaba como supervisor en una planta de fabricación de acero. Celia trabajaba en un taller de bobinas magnéticas. La familia vivía en una cómoda casa de dos plantas, y Leo creció rodeado del amor y el apoyo de sus padres y de su abuela, Celia.

Leo era pequeño, callado y serio. Hacía sus deberes en la escuela y la casa, y trataba de no atraer atención en la escuela. Pero apenas aprendió a caminar, la atención de Leo se concentró en una cosa: el balón de fútbol. Estaba obsesionado. Iba a todas partes con su balón, incluso dormía con él. Cuando tenía cuatro años ya jugaba con sus hermanos y sus primos en la calle, en la cancha del barrio o en cualquier otro sitio. Su padre dirigía equipos en la cancha del barrio. Durante un partido, mientras el balón rodaba en la cancha, Leo se dedicó a patear piedras que hallaba en el suelo a la espera de su turno para jugar con el balón.

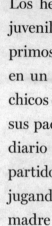

La abuela insiste

Los hermanos de Leo ya jugaban en el club juvenil local, Newell's Old Boys, junto con sus primos. Pero Leo no estaba interesado en jugar en un club. Prefería jugar en la calle con los chicos del barrio. Sin embargo, tanto Leo como sus padres y su abuela iban a la cancha casi a diario a ver las prácticas. Un día, durante un partido de su hermano mayor, Leo estaba jugando en la banda con un balón mientras su madre y su abuela miraban el partido. El entrenador, Salvador Aparicio, lo vio dribleando el balón solo. Aparicio necesitaba otro jugador para el partido, pero este chico era demasiado joven —más joven que todos los otros jugadores— y muy pequeño. De hecho, demasiado pequeño. Pero también muy hábil. *Súper* hábil.

Aparicio les preguntó a la madre y a la abuela si Leo podía jugar en el partido o, según recuerda Leo, fue su abuela la que *insistió* en

que lo pusieran a jugar. "Póngalo, póngalo", recuerda Leo que dijo su abuela.

El entrenador lo puso a jugar. Y Leo ni sabía lo que debía hacer. Cuando le pasó el balón por el lado, se quedó parado, sin hacer nada. Pero la segunda vez que el balón le pasó cerca, algo lo hizo entrar en acción. Pateó el balón... y ahí comenzó su carrera futbolística.

Leo era demasiado pequeño para patear el balón en aquel partido, pero no importó. El entrenador Aparicio se dio cuenta de que era talentoso, más que talentoso. La abuela de Leo le dijo al entrenador que le comprara unos botines a Leo. Si el entrenador se los compraba, ella llevaría a Leo a las prácticas.

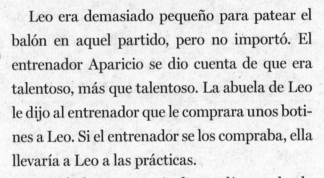

Y así lo hizo. A partir de ese día, su abuela llevaba a Leo a todas las prácticas y lo veía jugar desde las bandas. Cuando tenía solo ocho años, ya Leo podía mantener el balón bajo sus botines cuando dribleaba y hacía giros a los lados, e incluso podía patear el balón en curva hacia las esquinas.

Problemas médicos

Pero Leo era todavía muy bajo y enclenque. Era tan bajo que cuando tenía diez años sus padres lo llevaron al médico. Lo diagnosticaron con deficiencia de una hormona del crecimiento. Eso quería decir que su cuerpo no producía la cantidad de hormona necesaria para que creciera y se hiciera más fuerte. Los médicos estudiaron el caso de Leo por un año y cuando cumplió los once años se dieron cuenta de que no había crecido casi nada. Necesitaba un tratamiento.

Cada día, Leo tenía que inyectarse él mismo la hormona del crecimiento en los muslos. Iba alternando las piernas para que los músculos se recuperaran. Muy pronto, las piernas de Leo se cubrieron de cicatrices y marcas de los pinchazos.

Y las inyecciones eran caras. Costaban alrededor de novecientos dólares al mes. Jorge, Celia y sus hijos tenían una cómoda vida de

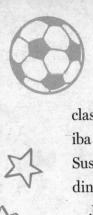

clase media, y tenían seguro de salud, pero Leo iba a necesitar las inyecciones por tres años. Sus padres calcularon que solo iban a tener dinero para pagar las inyecciones por dos años.

Jorge y Celia no sabían qué hacer. Leo necesitaba que alguien ayudara a cubrir los costos de su tratamiento. La familia no podía pagarlo. Los Old Boys no podían pagarlo, y otros clubes argentinos pensaban que Leo era demasiado bajo de estatura para considerarlo un futuro jugador profesional. Tendría que seguir recibiendo las inyecciones si quería jugar fútbol de alto nivel.

Entonces, Leo tuvo un golpe de suerte. Él y sus padres habían estado comunicándose con dos representantes de fútbol llamados Fabián Soldini y Martín Montero, quienes tenían una escuela de fútbol en Rosario. Fabián y Martín conocían a un agente deportivo, Horacio Gaggioli, que había nacido en Argentina, pero vivía entonces en España. Querían saber si Horacio estaría interesado en evaluar al pequeño pero asombroso fenómeno futbolístico de Rosario. Horacio se mostró interesado, muy interesado. Y no perdió tiempo en organizar una prueba con el FC Barcelona.

En septiembre de 2000, Leo y su padre hicieron las maletas y tomaron un avión hacia España. Iban a Barcelona. Celia, la abuela de Leo, había muerto dos años antes. Pero sus sueños futbolísticos para su nieto comenzaban ya a hacerse realidad.

TODO SOBRE ARGENTINA

⚽ ¿El deporte favorito en Argentina (después del fútbol, por supuesto)? ¡El polo! Los jugadores van montados en caballos especialmente entrenados. Cabalgan por un campo que tiene el largo de nueve canchas de fútbol americano, mientras tratan de golpear una pelota con tacos largos. ¡Los caballos pueden alcanzar velocidades de hasta cuarenta millas por hora!

⚽ Los argentinos también juegan una mezcla de polo y basquetbol llamado pato. Los jugadores van a caballo por la cancha tratando de lanzar una pelota con asas a través de un aro. En sus orígenes, se usaba un pato muerto metido en una bolsa de cuero en lugar de una pelota.

⚽ En 1986, cuando Argentina ganó la Copa Mundial, cientos de miles de fanáticos salieron a celebrar, bloqueando las calles con carros y camiones. Pero ni siquiera esa celebración se puede comparar con la de 2022, cuando salieron tantas personas a celebrar que hubo que suspender el desfile planificado, y los jugadores tuvieron que volar en helicópteros sobre la multitud.

 El fútbol fue introducido en Argentina por marineros británicos a mediados del siglo XIX. Los marineros jugaban fútbol mientras esperaban en los muelles, y los argentinos de la zona los veían jugar. En 1931 se creó el primer equipo profesional de Argentina, y así se consolidó una obsesión nacional.

 El tenis es otro deporte popular, sobre todo entre la clase media y la clase alta. Tenistas argentinos han ganado el Abierto de Francia, el Abierto de EE. UU. y (en una ocasión) la final de Wimbledon.

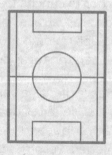

LOS MEJORES FUTBOLISTAS DE TODOS LOS TIEMPOS

¡Leo tiene competencia por su título de mejor futbolista de la historia!

 Pelé: Nacido en la pobreza, en Brasil, en 1940, Pelé es considerado por muchos como el mejor jugador de fútbol de todos los tiempos (pero, ¿y Messi?). Llevó al equipo nacional de Brasil a ganar tres títulos de la Copa Mundial y fue uno de los dos futbolistas que recibieron el título otorgado por la FIFA al Mejor Jugador del Siglo en 1999.

 Diego Maradona: Messi ha tenido que competir con el legado de esta leyenda argentina toda su carrera. Y con razón: Maradona llevó a los equipos para los que jugó a ganar campeonatos en todo el mundo y al equipo nacional a ganar la Copa Mundial en 1986.

 Ronaldo: Sin confundirlo con Cristiano Ronaldo, esta leyenda del fútbol llevó a su equipo a ganar la Copa Mundial en 2002 y ganó tres premios al Jugador del Año de la FIFA.

 Johan Cruyff: Este jugador holandés también jugó para el FC Barcelona, como la leyenda que seguiría sus pasos. Cruyff jugó con el equipo nacional holandés en la Copa Mundial de 1974, donde su veloz cambio de dirección en la cancha (dejando a su defensor mirando al vacío) dio origen al término "la finta Cruyff".

DATO INTERESANTE

Cuando era muy joven, Leo
idolatraba al legendario jugador
argentino Pablo Aimar. Pablo
incluso le ofreció a Leo, que
tenía entonces diecisiete años,
su camiseta tras un partido
en 2004.

CAPÍTULO 3

Un hogar en el Barça

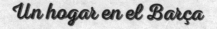

Por dos semanas, Leo estuvo haciendo pruebas con el FC Barcelona. El primer partido que organizó el club fue entre un equipo con Leo y otros chicos de su edad jugando contra un equipo del siguiente grupo de edades. Desde el momento en que Leo comenzó a jugar, el balón parecía estar adherido a sus pies. El agente Horacio Gaggioli recuerda: "Lionel causó admiración al instante. Manejaba el balón como nadie. Estaba nervioso, pero muy pronto, recuperó la compostura".

Leo era ya considerado un talento, pero no todo el mundo estaba convencido de que el FC

Barcelona —que sus fanáticos llaman el Barça— debería contratarlo. En primer lugar, ¡solo tenía trece años! Y necesitaba recibir un tratamiento médico especializado. Era tan pequeño y delgado... ¿qué pasaría si no crecía lo suficiente?

Los del Barça les dijeron a Jorge y a Leo que tenían que pensarlo. En ese momento el club no tenía mucho dinero disponible —de hecho, estaba casi en la bancarrota— y no estaban seguros de que debían gastar dinero para contratar a aquel pequeño fenómeno. Leo y su padre regresaron a Argentina sin ninguna promesa del equipo.

Para diciembre, Leo y sus padres ya estaban ansiosos. El Barça aún no les había dado respuesta, aunque los directores del club y los representantes de Leo seguían en conversaciones. Finalmente, Jorge les dijo a los representantes de Leo que, si el Barça no les hacía alguna promesa, Leo se iría a otro club.

Una promesa en una servilleta

Los directores del club no querían perder la oportunidad de contratarlo, aunque Leo fuese muy joven y pequeño, y su contrato fuera caro. Una noche, el director del club, Carles 'Charly' Rexach, estaba cenando con los representantes de Leo. Todos hablaban con Jorge por teléfono, y este se mostraba cada vez más molesto. Les exigió que el Barça les diera alguna prueba de que iban a contratar a Leo. Charly se dio cuenta de que debía darle alguna garantía por escrito a Jorge en ese mismo instante, de modo que le pidió al camarero una servilleta de papel y un bolígrafo. Escribió en la servilleta: "En Barcelona a 14 de diciembre del 2000 y en presencia de los Sres. Minguella y Horacio, Charly Rexach, Secretario Técnico del F.C.B., se compromete bajo su responsabilidad y a pesar de algunas opiniones en contra a fichar al jugador Lionel Messi siempre y cuando nos mantengamos en las cantidades acordadas". Y firmó debajo.

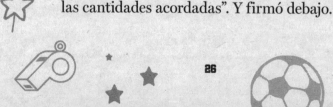

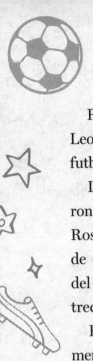

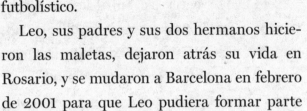

Podría estar escrito en una servilleta, pero Leo Messi tenía ya su primer contrato futbolístico.

Leo, sus padres y sus dos hermanos hicieron las maletas, dejaron atrás su vida en Rosario, y se mudaron a Barcelona en febrero de 2001 para que Leo pudiera formar parte del equipo juvenil del FC Barcelona. Tenía trece años.

El cambio fue duro. Leo vivía en un apartamento con su familia, en lugar de en los dormitorios con el resto de los jugadores. De modo que no tenía muchas oportunidades de hacer amigos. Solo tenía uno, que más tarde recordaría los viajes en autobús con Messi: "Recuerdo claramente, como si hubiese sido ayer, los dos sentados allí con un Discman en nuestras manos. A Leo le encantaba hablarme de su vida en Argentina, y su Discman estaba lleno de canciones de cumbia. Me las ponía constantemente, y yo hacía lo mismo con él y la música española", diría el futbolista del

Toronto Víctor Vázquez en una entrevista años después.

Pero Leo se sentía solo. Sufrió lesiones en los tobillos, y a su familia le resultaba difícil adaptarse a vivir en Barcelona. Todos extrañaban su vida en Argentina. Su madre se sentía muy triste. Echaba de menos los espacios abiertos de Rosario: Barcelona le parecía demasiado abarrotada de gente. Poco a poco, la familia Messi comenzó a separarse. Primero, los hermanos mayores de Leo abandonaron España y regresaron a Argentina. A continuación, los padres de Leo se dieron cuenta de que el cambio había sido demasiado duro para su hijita pequeña, que solo tenía cinco años en ese momento. Decidieron que la madre de Leo regresara a Argentina con ella, mientras Leo y Jorge se quedaban en Barcelona.

Leo se puso muy triste tras la partida de su madre. La extrañaba muchísimo a ella y a su casa. Durante tres años, solo pudo ir a verla cada cuatro meses. Cada vez que tomaba el

avión de regreso a Barcelona tras una visita, lo hacía llorando. Apenas hablaba en los vestidores. Se sentaba en una esquina en silencio, y cuando terminaba la práctica, tomaba una ducha y se iba enseguida.

Extrañar la casa y amar el fútbol

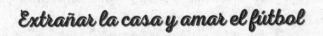

Pero tenía a su padre, y ambos pasaban mucho tiempo juntos compartiendo comidas compradas para llevar y jugando juegos de video en su pequeño apartamento cerca del campo de entrenamiento del Barça. "Fue duro para mí", diría Messi en una entrevista con *Sports Illustrated* años después. "Hubo momentos en que me sentía muy triste, extrañaba mucho a mi gente, pero nunca se me ocurrió irme. Sabía que quería quedarme y seguir jugando".

En 2002, Leo comenzó a jugar en partidos —y eso lo hizo sentirse mucho mejor. Comenzó a viajar con el equipo juvenil. Incluso fue sometido oficialmente al rito de los novatos cuando

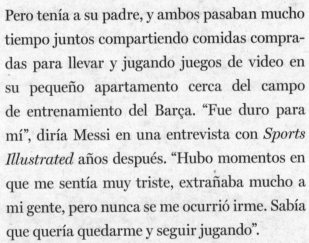

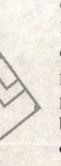

una noche los otros jugadores sacaron todas sus pertenencias de su habitación en el hotel. Cuando le dijeron que eso se lo hacían a todos los nuevos jugadores, Leo sintió que ya era parte del equipo. En octubre de 2004, Leo hizo su debut oficial con el equipo como sustituto.

El 1 de mayo de 2005, Leo vistió la camiseta de rayas rojas y azules con el número 30 en la espalda y saltó al mundo del fútbol profesional cuando anotó su primer gol oficial en un partido ante el equipo español FC Albacete.

El partido andaba ya por el minuto 87 cuando Messi entró a la cancha como sustituto. El chico de diecisiete años salió corriendo a la cancha y entró en acción. Tres minutos después, Messi recibió el balón cerca del punto de penalti. Escapó de la defensa y tomó control del balón para dispararlo con precisión por encima del portero y encajarlo en la red. Llevaba cuatro minutos en el partido.

Pero incluso en medio de la alegría por el

primer gol de su carrera, Leo no se olvidó de quién lo había hecho llegar hasta allí. Apuntó con su índice al cielo, dedicando aquel gol a su abuela Celia.

Leo ya estaba en camino... hasta que tuvo que abandonarlo. Mientras se preparaba para la temporada de 2005, recibió una mala noticia. Como era ciudadano argentino, no de la Unión Europea, no se le permitiría seguir jugando para su liga. Había solo tres puestos en el club para jugadores de países que no fuesen parte de la Unión Europea, y esos puestos ya estaban ocupados. Como había entrado en el FC Barcelona con trece años, Leo y su padre habían asumido que se le consideraría como un jugador "adoptado" de la Unión Europea por ser tan joven. Pero no fue así. Ahora, en 2005, le dijeron que, de acuerdo con las reglas de la liga, no podía jugar.

Sin embargo, el bisabuelo de Leo había nacido en España, así que Leo podía solicitar la ciudadanía española. De manera que muy pronto la solicitó. Ahora Leo era ciudadano de dos países, Argentina y España, de modo que fue autorizado a jugar, y el FC Barcelona, y el resto del mundo, estaban listos para verlo en acción.

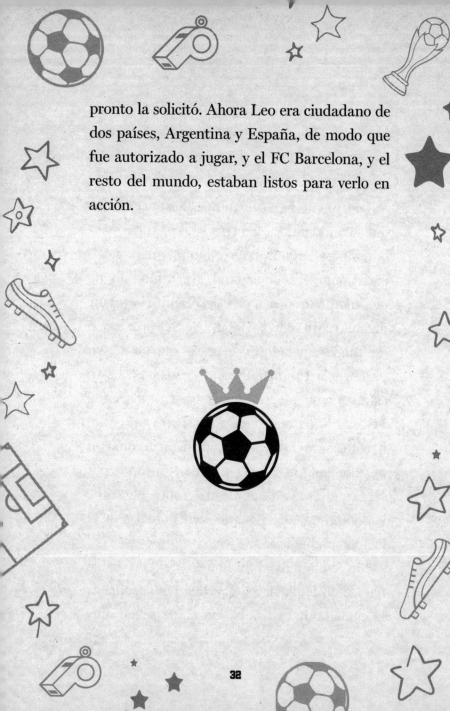

LAS MEJORES GALAS DE LEO

Las jugadas de Leo en la cancha son muy elegantes, pero a veces exhibe también un toque de elegancia fuera de la misma.

- Leo deslumbró con un esmoquin negro de lentejuelas en la ceremonia del Balón de Oro 2021. ¿Y lo mejor de todo? ¡Sus tres hijos vistieron también esmóquines relumbrantes como el de su padre!

- Leo a veces se viste más informal con suéteres con capucha de su propia línea de ropa.

- En la ceremonia del Balón de Oro 2014, Leo atrajo las miradas con un original esmoquin de color rojo vino satinado.

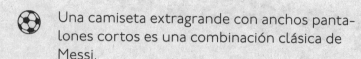 Una camiseta extragrande con anchos pantalones cortos es una combinación clásica de Messi.

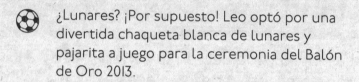 ¿Lunares? ¡Por supuesto! Leo optó por una divertida chaqueta blanca de lunares y pajarita a juego para la ceremonia del Balón de Oro 2013.

¿Hay fiesta? Pues basta una camiseta. Leo se viste con una camiseta gráfica, pantalones negros anchos y zapatillas blanquinegras para una salida con Antonela.

HABLAR SOBRE MESSI: LAS MEJORES FRASES SOBRE LEO

⚽ "Es claro que está por encima de todo el mundo. Hay que estar ciego para no verlo".
—Xavi, antiguo compañero de equipo

⚽ "Messi ha sido durante los últimos tres o cuatro años el mejor jugador del mundo: ha mantenido un nivel de solidez que no creo que el mundo haya visto nunca antes".
—Cristiano Ronaldo (¡Ya sabes quién es!)

⚽ "Quizás era más deslumbrante a los veintidós, cuando podía burlar dribleando a su propia sombra. Ahora, en esta versión más reciente, es el mejor de todos; hace todo lo que debe hacer, cada vez que es necesario hacerlo".
—Pablo Aimar, antiguo compañero de equipo

"Me encanta Messi, es un gran jugador. En técnica, estamos prácticamente al mismo nivel".
—Pelé, leyenda brasileña del fútbol

 "Messi sigue demostrando que no importa cuán alto seas, lo único que importa es cuán bueno es tu cerebro futbolístico".
—Dwayne de Rosario, exjugador canadiense

 "Estás en nuestros corazones y nunca te hemos visto jugar en nuestro país".
—Alberto Fernández, expresidente de Argentina

 "Este Barça será recordado como el Barça de Messi. Está muy por encima de cualquier cosa que haya visto. Es un extraterrestre".
—Carles Puyol, antiguo compañero de equipo

 "Nunca había visto nada como aquello. Hacía cosas increíbles para un chico de su edad: las mismas cosas que hace partido tras partido ahora, pero con aquel tamaño. No solo era un jugador espectacular, sino que además se las arreglaba para tener siempre el balón".
—Carles 'Charly' Rexach, primer director técnico de Messi en el FC Barcelona

"He visto al jugador que heredará mi lugar en el fútbol argentino y su nombre es Messi. Messi es un genio".
—Diego Maradona, leyenda argentina del fútbol

 "Es uno de los mejores jugadores del mundo".
—David Beckham, estrella británica del fútbol

 "¿Sabes qué? Creo que ese tipo, Messi, podría tener futuro".
—Joe Biden, presidente de Estados Unidos

DATO INTERESANTE

Leo nunca ha sido un hombre alto. De hecho, su estatura de cinco pies siete pulgadas lo hace dos pulgadas más bajo que el hombre estadounidense promedio.

CAPÍTULO 4

El ascenso a la cima

Ahora Leo era español y el FC Barcelona era su club, pero también era y siempre sería argentino y miembro del equipo nacional de Argentina. En 2006, cuando tenía solo dieciocho años, Leo llevó a su equipo, su corazón y su pie izquierdo a Alemania para el evento futbolístico más grande del planeta: la Copa Mundial.

El 16 de junio de 2006, Argentina salió a la cancha ante Serbia y Montenegro en la segunda ronda de la Copa Mundial. Argentina anotó tres goles en los primeros 73 minutos del partido, dejando a Serbia y Montenegro en cero. Leo Messi vio el partido desde la banca: era solo un suplente. Pero en el minuto 74 se

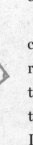

convirtió en algo mucho más importante.

Con el equipo argentino gozando de una ventaja segura, el entrenador se podía permitir enviar varios sustitutos a la cancha, y Leo, con el 19 en la espalda, fue llamado de la banca para reemplazar a su compañero de equipo Maxi Rodríguez. "El niño prodigio a punto de entrar en la Copa Mundial", dijo el locutor. "Lionel Messi, con solo dieciocho años... se convierte en el jugador argentino más joven en una Copa Mundial desde 1934".

Leo se incorporó de la banca y respiró hondo. Su rostro mostraba calma y resolución. Entró corriendo a la cancha y halló el balón, sobrepasando con agilidad a los defensas. En el minuto 88, Carlos Tévez, compañero de equipo de Messi, le pasó el balón y Leo, que estaba listo, avanzó como si lo tuviera pegado a los pies. Fue hacia la portería burlando con facilidad a un defensa que tenía en frente y descargó un disparo que el portero fue incapaz de contener. Hizo que la jugada pareciera tan fácil como si estuviera

jugando en la cancha de los niños en Rosario.

Durante los tres años siguientes, Leo condujo al FC Barcelona a ganar tres títulos de liga y recibió su primer premio como Jugador del Año de la FIFA; y en 2009 Leo subió en París al escenario, vestido de cuello y corbata, para aceptar el Balón de Oro, el máximo premio individual del fútbol europeo. Leo fue el primer jugador argentino en ganar este premio.

Messi tiene que anotar

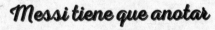

Pero allá en el planeta Fútbol, Leo tenía un rival. Un año antes, en 2008, la superestrella de Portugal Cristiano Ronaldo había ganado el Balón de Oro. Cristiano era solo dos años mayor que Leo. Como Leo, era uno de los mejores jugadores del planeta. Los fanáticos comenzaron a preguntarse "¿Quién es mejor, Messi o Ronaldo?". Uno era ostentoso, el otro serio. Estaban muy parejos en goles, asistencias y premios. Pero ninguno de los dos criticaba al

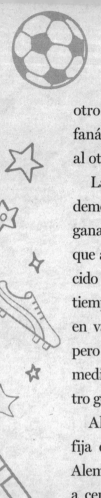

otro en la prensa. Esa tarea la asumieron los fanáticos, declarando su alianza a un jugador o al otro.

La final de la Copa Mundial de 2014 podría demostrar la superioridad de Leo. Nunca había ganado la Copa, y en el mundo del fútbol tendría que atrapar ese trofeo para ser de veras reconocido entre los mejores jugadores de todos los tiempos. Argentina había avanzado tambaleante en varias rondas, sin mostrar su mejor juego, pero venciendo a un rival tras otro, en buena medida gracias a Leo, quien había anotado cuatro goles para su equipo en esos partidos.

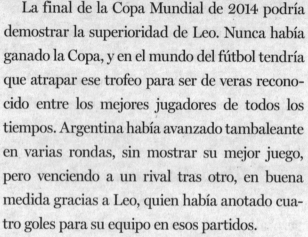

Ahora los fanáticos de Leo tenían la mirada fija en la cancha: Argentina se enfrentaba a Alemania en la gran final. El partido estaba cero a cero y Leo no había anotado... nadie había anotado. Leo había fallado un par de disparos directos, y el desaliento reinaba en la cancha. El tiempo reglamentario de noventa minutos había terminado con el marcador aún empatado a cero. Fueron al tiempo extra. Los equipos

tendrían treinta minutos más de juego. El que llevara la delantera al final sería el ganador.

Sonó el silbato que daba inicio al tiempo extra y el reloj comenzó a correr. Pasaron veintidós minutos sin anotación y entonces, en el minuto veintitrés, el jugador alemán Mario Götze metió el balón en la red, poniendo el partido 1 a 0. Quedaban siete minutos del tiempo extra y Argentina debía anotar para empatar el partido o perdería la Copa Mundial. Entonces se presentó la oportunidad. Leo se preparó para cobrar un tiro libre. Podría disparar el balón detenido hacia el arco. "El pequeño de Rosario, Argentina, en nombre de todos los pequeños que llevan su camiseta", dijo el comentarista británico Peter Drury mientras Messi colocaba el balón para el tiro libre. "Messi en millones de espaldas. Messi ante millones de flashes. Una patada al balón".

La tensión hacía vibrar el estadio como una cuerda de guitarra. Leo dio unos pasos atrás alejándose del balón. Se pasó la mano por

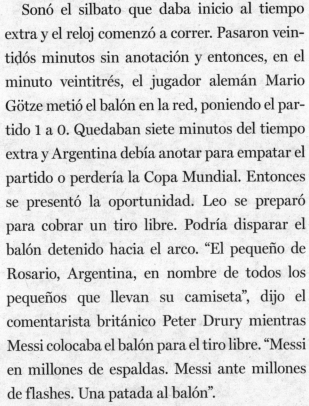

los cabellos y luego por la cara. "Messi tiene que anotar", dijo Peter Drury desde la cabina de transmisión. Leo se secó la cara con la camiseta.

Entonces, salió corriendo hacia adelante, con el cuerpo inclinado como un velocista y los ojos clavados en el balón. Pateó el balón, que salió volando demasiado alto, pasando seis pulgadas por encima del arco, mientras Peter Drury exclamaba "¡No, no, no!", repitiendo lo que decía en su corazón cada fanático de Argentina alrededor del mundo esa noche.

Sonó el silbato, anunciando el final del partido... el final de la Copa Mundial. Argentina había sido derrotada. En el rostro de Leo se dibujaba la tristeza incluso al aceptar el Balón de Oro al jugador más valioso del torneo.

Consuelo en casa

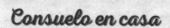

Pero Leo tenía al mejor club de fanáticos esperándolo en casa: su novia, Antonela, y su

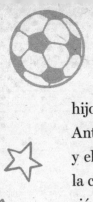

hijo de dos años, Thiago. Leo había conocido a Antonela en Rosario cuando tenía nueve años y ella ocho. Leo estaba pasando el verano en la casa de su amigo Lucas. Muy pronto, conoció a la prima de Lucas, una niña llamada Antonela Roccuzzo. Después de aquel verano, Leo comenzó a escribirle cartas a Antonela, y ella se convirtió en su novia. Cuando Leo tuvo que irse a Barcelona, siguió en contacto con Antonela, volviendo incluso a Argentina para estar con ella cuando la mejor amiga de Antonela murió en un accidente automovilístico.

Leo reveló su relación con Antonela al público en 2009, cuando dijo en un programa de noticias de fútbol que tenía novia, y que ella vivía en Argentina. Muy pronto aparecieron fotos de la pareja en traje de baño en Río, y poco tiempo después Antonela salió de Argentina para vivir con Leo en Barcelona. En 2015, nació Mateo, el segundo hijo de Leo. No tenía una Copa Mundial —aún no— pero Leo había ganado ya un premio mejor: su amorosa familia.

ES UN BUEN MUCHACHO

Leo aprendió a ser bondadoso mientras crecía con su amorosa familia… y ahora le gusta continuar practicando lo aprendido.

 Leo quiere tanto a su mamá que una vez recibió una multa y una tarjeta amarilla por levantarse la camiseta tras anotar un gol para mostrar un letrero que decía: "¡Feliz cumple, mami!".

 Leo estableció una fundación en 2007 para promover la salud y la seguridad de los niños alrededor del mundo. La fundación ha trabajado con la UNICEF (Fondo de las Naciones Unidas para la Infancia) para ayudar a construir bombas de agua para que niños en naciones en vías de desarrollo tengan agua potable para beber.

 Messi también dona su propio dinero para ayudar a otros. Durante la pandemia del

COVID-19, donó un millón de euros de su propio dinero para ayudar al sistema de salud de Argentina.

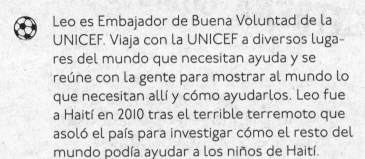

Leo es Embajador de Buena Voluntad de la UNICEF. Viaja con la UNICEF a diversos lugares del mundo que necesitan ayuda y se reúne con la gente para mostrar al mundo lo que necesitan allí y cómo ayudarlos. Leo fue a Haití en 2010 tras el terrible terremoto que asoló el país para investigar cómo el resto del mundo podía ayudar a los niños de Haití.

Leo y Antonela estuvieron a punto de hacer que una fanática se desmayara cuando pararon su vehículo todoterreno e invitaron a los fanáticos a que se acercaran para saludar a Leo y que les firmara autógrafos. Una de las fanáticas comenzó a hiperventilar por la emoción que le produjo conocer a Leo. (¡No le pasó nada!).

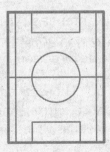

¡ENTRENA COMO MESSI!

¿Cómo se mantiene en forma el
mejor jugador del mundo?
Entrenándose, entrenándose...
ah, ¡y entrenándose!

⚽ A Leo le gusta concentrarse en la velocidad
al hacer sus ejercicios. Los días de entrenamiento hace zancadas, estira los músculos
de los muslos y hace cuclillas. Termina cada
sesión con un ejercicio de aceleración, que
consiste en correr a toda velocidad en
diferentes direcciones.

⚽ Leo tiene que mantener su velocidad. Salta
sobre vallas y conos para ser capaz de cambiar fácilmente de dirección al correr.

⚽ Pero Leo sabe que el descanso es también
importante para su entrenamiento. Sus
entrenadores muchas veces hacen que esté

en la banca al inicio del partido o lo sacan de la cancha tras solo una hora de juego. De esa manera, Leo podrá seguir jugando por siempre jamás...

 Comer para fortalecerse: Leo vigila cuidadosamente su dieta. Trabaja con un nutricionista que le hace comer muchos granos, frutas frescas y vegetales, aceite de oliva y, por supuesto, beber agua en abundancia. Leo come nueces y semillas, pero tiene que controlar su famosa afición por los dulces: ¡cero azúcar!

 ¿Y mate? ¡Sí, por favor! Cuando está entrenando, Leo habitualmente bebe mate, una especie de té abundante en antioxidantes y vitaminas.

CAPÍTULO 5

Leo al suelo, Leo se levanta

El Leo Messi que entró en la Audiencia Provincial de Barcelona en el verano de 2016 parecía muy diferente de la superestrella de fútbol que dominaba la cancha vestida con una camiseta y unos pantalones cortos sudorosos y brillantes. Este Leo iba vestido de cuello y corbata, y tenía una expresión muy seria en el rostro. Su padre, Jorge, iba junto a él, vestido también con un traje oscuro y llevando gafas de sol.

Leo y su padre estaban en problemas. El Ministerio de Hacienda español —semejante al IRS en Estados Unidos— había acusado al padre y al hijo de ocultar a la agencia de

impuesto más de cuatro millones de euros. La agencia afirmaba que Leo y su padre habían ocultado el dinero invirtiéndolo en compañías en países con tasas impositivas muy bajas. No habían informado a Hacienda sobre ese dinero, algo que es ilegal.

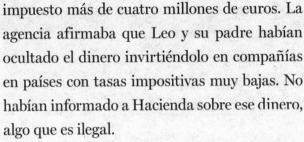

Leo en problemas

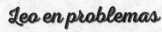

Leo le dijo al juez que él no sabía nada de lo sucedido. "No sé nada de eso. Lo único que yo hago es jugar al fútbol. Confié en mi padre. Nunca le pregunté sobre el tema [de los impuestos]. No sé nada de eso, jamás me he interesado por el asunto, para ser sincero", le dijo al juez.

Al final, el juez estuvo de acuerdo con Leo. Tuvo que pagar una multa de 2.25 millones de euros, pero no tuvo que ir a la cárcel. Su padre, Jorge, tuvo que pagar una multa de 1.6 millones de euros.

Pero Leo estaba molesto por la acusación.

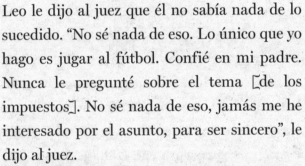

Declaró cn entrevistas que estaba pensando irse del FC Barcelona, aunque no quería hacerlo. Le parecía que el Ministerio de Hacienda español estaba persiguiéndolo con más intensidad que a otros que habían hecho lo mismo.

Leo enamorado

A pesar de todo, Leo no se fue, y en 2007 un feliz acontecimiento vino a quitarle de la mente sus problemas legales: su boda con Antonela. De regreso en Rosario, en junio, Leo y Antonela se casaron en una ceremonia celebrada en un hotel de lujo. Antonela lució un vestido de encaje sin mangas, con una larga cola, y Leo vistió un traje oscuro con corbata clara y una gran sonrisa. Sus compañeros de equipo del Barça lo observaban desde el área de los invitados, donde estaba también Shakira, la estrella colombiana del pop. Una muchedumbre de fanáticos se aglomeraba tras las barreras fuera del hotel, tratando de tomar fotos

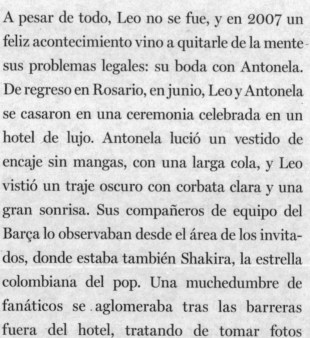
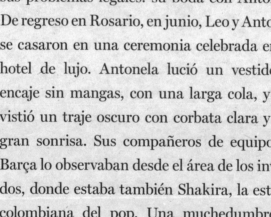

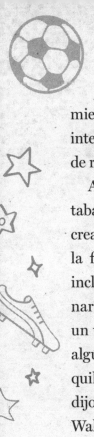

mientras la policía intentaba contenerlos. En el interior del hotel, los invitados comieron carne de res y empanadas, platos típicos argentinos.

Ahora Leo tenía su propia familia. Le encantaba la apacible rutina que él y Antonela habían creado, y disfrutaba ser padre. "Estoy feliz con la familia que hemos creado. Un día típico incluye llevar a Thiago a la escuela, ir a entrenarme, estar en casa tomando mate y pasar un tiempo con Anto y los niños en el parque o algún otro lugar. Es una vida normal, tranquila, el tipo de vida que siempre quisimos", le dijo Leo al famoso periodista de fútbol Grant Wahl. Y muy pronto Leo y Antonela tuvieron su tercer hijo, Ciro, en 2018. Y así quedó completa la familia de Leo.

MESSI EN NÚMEROS

¡Las estadísticas de Leo son estratosféricas!

- 672 goles con el FC Barcelona

- 778 partidos con el FC Barcelona

- 32 goles con el París Saint-Germain

- 74 partidos con el París Saint-Germain

- 5 Copas Mundiales (solo 6 jugadores de todo el mundo lo han logrado)

- I título de campeón de la Copa Mundial

- Alrededor de $600 millones de fortuna personal

LOS MEJORES MEMES SOBRE MESSI

Siéntate, ponte cómodo en el sofá, y disfruta esta selección de los mejores memes sobre Messi.

- Messi: ¡anotar solo un gol es demasiado convencional!

- Los jugadores que han jugado con él dicen que Messi es el mejor. Los que han jugado con Ronaldo también dicen que Messi es el mejor.

- CR7 (Ronaldo): ¡El dios del fútbol me envió al mejor!
  Messi: No recuerdo haber enviado a nadie.

- Rubio o morocho, con el Barça o con Argentina, no importa, Messi sigue siendo el mejor.

- ¡Ronaldo, llámame cuando seas mejor que yo!

- En su mejor año, a Messi lo comparaban con Pelé y con Maradona. En el mejor año de Ronaldo, lo comparaban con Messi. ¡Esa es la diferencia!

CAPÍTULO 6

Irse de casa

El Barça fue el hogar adoptivo de Leo por veinte años. Y era la casa de su familia también. Durante diecisiete temporadas, Leo jugó con la camiseta de las rayas rojas y azules ante miles de fanáticos enloquecidos en el Camp Nou, el famoso estadio del Barça. Sus compañeros de equipo eran como su familia. Sus fanáticos eran como su familia.

Y entonces, en 2021, todo llegó a su fin. Los líderes del FC Barcelona le dieron a Leo la noticia que jamás pensó escuchar. No iban a renovar su contrato. El contrato anterior de Leo había sido muy caro: más de 594 millones de dólares por cuatro años. Pero

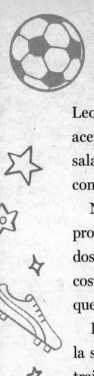

Leo ya le había dicho a los del Barça que aceptaría una reducción significativa de salario para ayudar al Barça a poder pagar el contrato.

No fue suficiente. El Barça tenía enormes problemas financieros. Ya estaban endeudados, y las restricciones del COVID-19 les habían costado aún más dinero. Leo fue liberado para que se pudiese ir a otro equipo.

El 8 de agosto de 2021, Leo salió al podio de la sala de prensa del FC Barcelona vestido de traje y corbata azules. "No sé si voy a poder hablar", dijo con los ojos bañados en lágrimas. Hizo una larga pausa, sollozando y limpiándose la nariz con un pañuelo de papel. "Es muy difícil esto para mí después de tantos años, no estaba preparado".

Pero tenía que irse. Incluso en medio de su tristeza, Leo fue realista. Tenía solo 34 años, con muchos años aún por jugar. Quería seguir jugando, así que debía buscar un nuevo club.

Una vida en París

Solo cuatro días después de su anuncio de que se iba del Barça, Leo volvió con otra noticia. Acababa de firmar un contrato por dos años con el club francés París Saint-Germain. Jugaría su primer partido con el PSG el 29 de agosto, solo tres semanas después de terminar con el Barça.

Pero París no resultó ideal para Leo. Extrañaba Barcelona. Antonela y sus hijos extrañaban España también. Les fue difícil adaptarse a París, como lo había sido para la mamá y los hermanos de Leo cuando se fueron a vivir a Barcelona muchos años antes. Los fanáticos del Barça abucheaban a Leo cuando salía a la cancha. Aunque ganó tres trofeos de la liga con su equipo, no le fue fácil establecer una relación con los fanáticos del PSG.

Leo necesitaba algo grande. Un gran triunfo. Ganar la Copa Mundial. Y la oportunidad ya estaba cerca. El 20 de noviembre arrancaba la

Copa Mundial de 2022. Leo estaría allí, a la cabeza de la selección nacional de Argentina. Era uno de los mejores jugadores del planeta. Había ganado casi todos los premios y trofeos que un futbolista pudiera recibir. Había jugado en cuatro Mundiales hasta entonces, pero nunca había ganado ese título. Y no sabía cuántas oportunidades más tendría en el futuro.

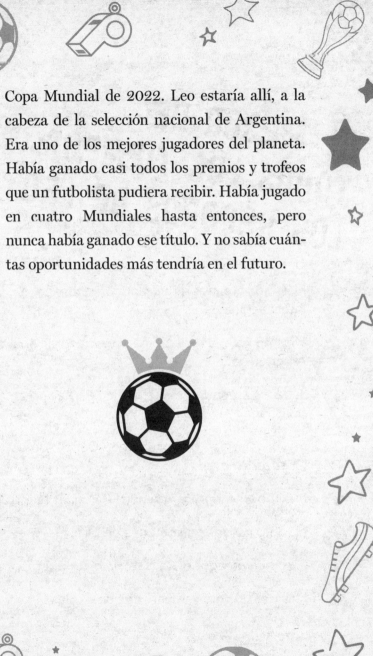

EL MEJOR DE TODOS LOS TIEMPOS: LOS RÉCORDS DE LEO

- Máximo goleador de Argentina en torneos internacionales
- Máximo goleador para una selección nacional de América del Sur
- Jugador argentino más joven en anotar un gol en una Copa Mundial
- Mayor cantidad de partidos de Copa Mundial jugados
- Máximo goleador de Argentina en Copas Mundiales
- Máximo ganador de Balones de Oro
- Máximo goleador de la historia en una temporada
- Más de 700 goles en partidos de clubes

En 2003, siendo aún adolescente, Leo tenía ya un excelente control del balón. Aquí lo ves dribleando durante una sesion de fotos poco antes de su debut con el FC BARCELONA.

Entre los partidos de su primera COPA MUNDIAL, Leo inflaba globos de goma de mascar en la línea de banda.

En 2006, Leo se convirtió en el argentino más joven en jugar en una COPA MUNDIAL.

Leo y Cristiano Ronaldo, rivales y amigos, se disputan el balón en un partido entre el **BARCELONA** y el Real Madrid en 2012.

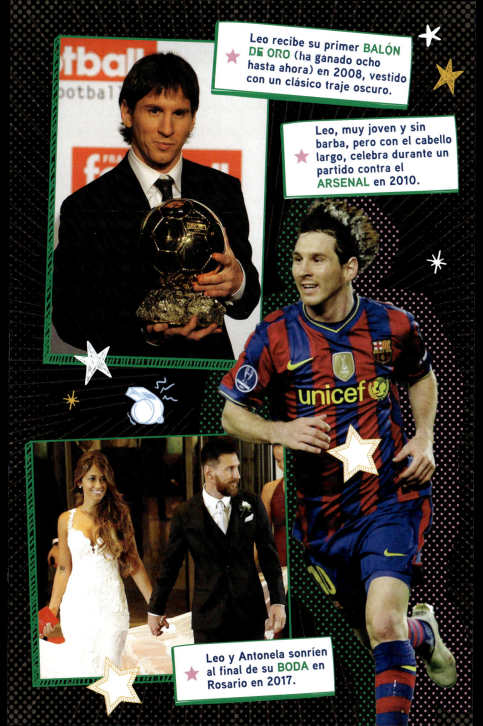

Leo recibe su primer **BALÓN DE ORO** (ha ganado ocho hasta ahora) en 2008, vestido con un clásico traje oscuro.

Leo, muy joven y sin barba, pero con el cabello largo, celebra durante un partido contra el **ARSENAL** en 2010.

Leo y Antonela sonríen al final de su **BODA** en Rosario en 2017.

"Estoy aquí para despedirme", dijo Leo emocionado en la conferencia de prensa al anunciar su salida del **BARCELONA** en 2021.

La asociación de Leo con el **PARÍS SAINT-GERMAIN** solo duró dos temporadas.

Leo regresó a la COPA MUNDIAL por quinta vez en 2022, jugando la final ante Francia.

Leo celebra tras anotar el primer gol de Argentina en la final de la COPA MUNDIAL de 2022.

Leo abraza a sus hijos tras ganar la **COPA MUNDIAL DE 2022**, mostrando a todos cuánto los quiere.

Leo levanta el trofeo de campeón de la **COPA MUNDIAL DE 2022** tras la victoria de Argentina.

En 2023, Leo firmó con el **INTER MIAMI** y publicó esta foto con los dueños del club, entre los que se encuentra David Beckham.

Leo usó un discreto esmoquin negro para recibir el **BALÓN DE ORO DE 2023.**

Los **HIJOS DE LEO** juegan en la cancha al final de uno de los partidos en los que jugó su padre.

Leo sonríe feliz tras anotar el gol de la victoria en un partido del **INTER MIAMI.**

ALIMENTAR A LA LEYENDA

¿Qué come una leyenda para mantener su energía? La receta de su madre de un plato clásico argentino encabeza la lista.

- La receta de Celia Messi de la milanesa: filete de pollo empanado y frito, cubierto con salsa de tomate, jamón y queso, que luego se hornea

- Asado clásico argentino: diferentes carnes asadas a la parrilla

- Pollo asado con vegetales asados

- Chuletas de ternera

- Huevos con jamón

- Arroz y frijoles

- Pasta

A Leo le *encantan* los dulces.
Trata de no excederse, pero he
aquí sus preferidos:

 Tostada con dulce de leche

 Chocolate

 Helado

 Más dulce de leche

¡Y la lista de los prohibidos! Leo
sabe que tiene que comer saludable
cuando está entrenándose... y él
siempre está entrenándose.
Ha tratado de eliminar estos
alimentos de su dieta, aunque
también le encantan:

 Pizza... excepto en días especiales

 Carne roja (cuidado con el asado, Leo)

 Carne de cerdo (en el asado también, Leo)

 Queso (oh, no... ¡la milanesa de mamá!)

 Bebidas burbujeantes

DATO INTERESANTE

A Leo le gusta coleccionar trofeos. Ganó 35 para el FC Barcelona durante sus años con el equipo, convirtiéndose así en el máximo ganador de trofeos de la historia del club.

CAPÍTULO 7

El momento estelar de Leo

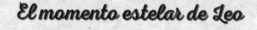

El 18 de diciembre de 2022, Leo y su equipo ya habían logrado ascender paso a paso hasta la final de la Copa Mundial. Solo un mes antes habían caído ante Arabia Saudita 2 a 1 en el primer partido del torneo. Ahora se enfrentaban a Francia y a su superestrella, el fabuloso Kylian Mbappé.

Argentina no había ganado una Copa Mundial desde 1986. Francia había ganado la anterior en 2018. Leo quería ganar esta Copa. Los fanáticos de Argentina también querían ganar la Copa. ¿Quizás el mundo entero quería que Argentina ganara esta vez? Leo tendría que comprobarlo.

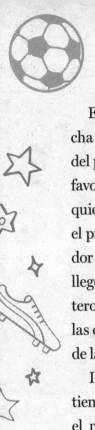

El equipo de Leo salió muy agresivo a la cancha desde que el reloj echó a andar. A la mitad del primer tiempo, el árbitro cantó un penalti a favor de Argentina. Tenía que cobrarlo Leo, quien clavó el balón contra la red, anotando así el primer gol del partido, y poniendo el marcador 1 a 0 a favor de Argentina. En el minuto 36 llegó el segundo gol, esta vez cortesía del delantero Ángel Di María, quien se besó las manos y las elevó al cielo mientras los ojos se le llenaban de lágrimas de alegría. Argentina ganaba 2 a 0.

Iban delante, pero aún quedaba mucho tiempo por jugar, y Kylian Mbappé lo sabía. En el minuto 80, le tocó el turno a Mbappé de cobrar un penalti, que rápidamente encajó en la red para poner el marcador 2 a 1. Argentina titubeaba en el momento crítico, incluso en un estadio repleto de fanáticos vestidos con la camiseta albiceleste de su equipo. Entonces, solo un minuto y treinta segundos después, volvió a suceder: Mbappé anotó otro gol, poniendo el marcador 2 a 2.

El partido estaba empatado. Ambos equipos pelearon sin tregua por el resto del tiempo reglamentario. El pitazo final sonó y el partido se fue oficialmente a tiempo extra. Leo anotó un gol: 3 a 2. Pero Mbappé anotó de nuevo: 3 a 3. El tiempo extra terminó con el marcador igualado. La final de la Copa Mundial se decidiría a penaltis.

Era muy sencillo. Cada equipo tendría cinco oportunidades. El que anotara más tiros a la puerta ganaría.

Balón afuera

Francia envió a Mbappé a cobrar el primer penalti. Con el rostro tenso, la estrella francesa corrió hacia el balón mientras que Emiliano Martínez, el arquero vestido de verde, daba saltitos frente al arco. Mbappé pateó la pelota por el aire y hacia la izquierda. Martínez se lanzó a detenerla, pero fue imposible. Francia había anotado el primer penalti.

Era el turno de Argentina. Y, por supuesto, ¿a quién iban a enviar a cobrarlo? A Leo.

Caminó hacia adelante con toda calma mientras el árbitro colocaba el balón en el punto blanco. Revisó la posición del balón. Retrocedió entonces con las manos en la cintura. "En el partido número 1003 de su carrera, va a hacer el disparo más importante de su vida hasta hoy", dijo el locutor de Fox.

Leo se detuvo, listo, con la cabeza baja. El árbitro dio la señal. El estadio vibraba de ansiedad.

Leo dio un paso atrás y corrió en el lugar por un instante, tomando impulso: fue entonces hacia el balón, pateándolo con absoluta naturalidad mientas el portero francés se lanzaba al suelo tratando inútilmente de pararlo. Un penalti anotado para Argentina.

Siguieron tomando turnos: Francia disparó y falló; Argentina disparó y anotó; luego Francia disparó y falló; luego Argentina disparó y anotó de nuevo, poniendo el puntaje 3

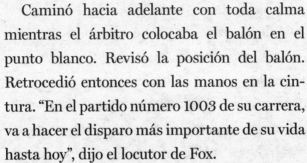

a 1 a favor de Argentina. Francia disparó y anotó, 3 a 2.

Si Argentina volvía a anotar, ganaba el partido. A Francia no le quedarían turnos suficientes para empatar. Argentina envió a Gonzalo Montiel a cobrar mientras Leo y sus compañeros, parados unos junto a otros, observaban con los brazos sobre los hombros de sus compañeros más cercanos, los rostros tensos, todos a la espera.

Montiel por la victoria

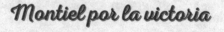

Montiel se acercó a colocar el balón en posición. Los ochenta y nueve mil fanáticos hicieron silencio. Montiel retrocedió y respiró hondo. El árbitro hizo sonar el silbato. Cuidadosa, lentamente, Montiel corrió hacia el balón y lo pateó hacia la izquierda. El portero se lanzó hacia la derecha y el balón rebotó en la red. "¡Sí!", gritó el locutor, y el estadio estalló en un rugido atronador mientras Montiel se quitaba la camiseta celebrando el triunfo. Se cubrió la cara con ella al tiempo que Leo y el resto del equipo se apiñaban a su alrededor llorando de alegría.

Lo habían logrado. Durante dieciséis años, el trofeo dorado se le había escapado siempre a Leo de las manos. Ahora, con los fuegos artificiales iluminando el firmamento, rodeado de sus compañeros, Leo levantó el trofeo sobre su cabeza, con una expresión de absoluta felicidad en el rostro. El chico de Rosario había llevado a su equipo a la Copa Mundial... y a la victoria.

A FLOR DE PIEL: LOS TATUAJES DE LEO

Leo tiene diecisiete tatuajes...
hasta ahora. Lee para conocer lo
que inspiró esos dibujos.

- Una flor de loto abierta y otra cerrada, símbolos de que el talento puede crecer donde quiera, según dice uno de los tatuadores de Leo.

- Tatuaje de una corona en la parte interior del brazo derecho: ¡Antonela tiene el mismo tatuaje! ¿Quizás quiera decir que son rey y reina el uno para el otro?

- Un ojo enorme en la parte interior del bíceps derecho: Leo no lo ha dicho, pero muchos piensan que es un dibujo de un ojo de Antonela.

- Tatuaje en forma de rosetón en el codo: este está inspirado por las bellas ventanas redondas, llamadas rosetones, de las iglesias y catedrales.

- Jesucristo en el antebrazo: Leo declara su profunda fe cristiana con este tatuaje.

- Reloj en el brazo: ¿quizás simboliza la importancia del tiempo?

- Engranajes de reloj debajo del reloj: estos quizás están destinados a hacer que el reloj funcione.

- Cuentas de rosario en un brazo: es tanto una declaración de la fe de Leo como un tributo a su ciudad natal de Rosario.

- El rostro de su madre en la espalda: este fue el primer tatuaje de Leo, y uno de los más especiales.

- Las manos de Thiago con su nombre, en la parte posterior de la pantorrilla: un símbolo del amor por su hijo.

- Las fechas de nacimiento de su esposa y de sus tres hijos en la parte inferior de la pierna izquierda... y la derecha.

- Y el tatuaje borrado: Leo tenía un tatuaje de una espada con alas, pero luego lo hizo cubrir con tinta negra y nunca ha explicado por qué.

- Un par de labios rojos en la parte inferior del estómago: ¡seguramente son los de Antonela!

- Balón: en su prodigiosa pierna izquierda, por supuesto. No necesita explicación.

- El número 10 en su pierna: el número de su camiseta con el Barça y con la selección Argentina.

- Mateo, en el brazo: el nombre de su segundo hijo.

¡COMPRA ESTO! LAS MARCAS QUE PROMUEVE LEO

Leo no solo vende su talento para el fútbol. Aquí tienes algunas de las marcas a las que apoya con su imagen y su nombre.

- Adidas: Leo promueve sus camisetas, pantalones cortos y botines de fútbol.

- Tata: ¿no conoces esta marca de autos de la India? Millones de personas alrededor del mundo tienen un Tata, y muchos más lo tendrán gracias a Leo.

- Pepsi: pásame una gaseosa, por favor.

- Gatorade: Leo sigue con el tema de los refrescos.

Hauwei: este gigante chino de las telecomuni-
caciones es aún más grande tras contratar a
Leo como vocero.

Lay's: Leo filmó un comercial en el que unos
fanáticos le robaban sus papitas fritas.

Mastercard: Leo está asociado con esta
compañía de tarjetas de crédito desde 2018.

Gillette: Leo filmó un simpático comercial
con Roger Federer sobre maquinillas de
afeitar Gillette que transforman a quien las
usa en distintos atletas de todo el mundo.

SikSilk: Messi modela encantado para esta
marca de ropa con una colección liderada
por su hermana pequeña, María.

DATO INTERESANTE

El apodo de Leo es "La Pulga". Se lo pusieron por su baja estatura y su gran velocidad. Comenzó como un sobrenombre de familia, ¡pero ahora todo el mundo sabe que el mejor jugador de todos los tiempos es La Pulga!

CAPÍTULO 8

El mejor de la historia

Leo estaba eufórico. El mundo entero estaba eufórico. Pero de regreso en el París Saint-Germain no todo iba bien. A fines de abril de 2023, Leo fue de visita a Arabia Saudita, y faltó a una práctica del equipo. El club decidió suspenderlo por dos semanas. Leo arguyó que no sabía que perdería una práctica a causa de ese viaje, pero la suspensión dejó un mal sabor en las relaciones entre Leo y el club. El contrato de Leo con el PSG estaba casi al expirar, y Leo y el club no habían logrado llegar a un acuerdo para firmar uno nuevo. Leo no tenía puesto el corazón en la cancha del PSG, y cuando jugó su último partido el 2 de

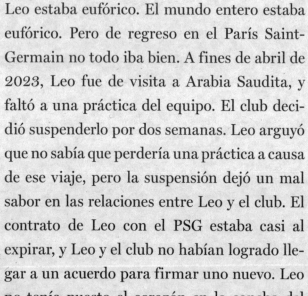
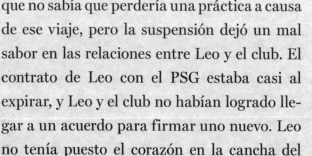

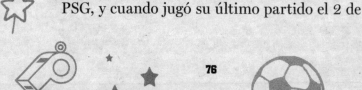

junio de 2023, ya estaba listo para irse de París.

Pero Leo no iba a abandonar el fútbol. Simplemente, iba a cambiar de ciudad... y de continente. El 7 de junio de 2023, cinco días después de su último partido con el PSG, Leo deleitó a los fanáticos de Estados Unidos al anunciar que había firmado con el equipo Inter Miami CF de la MLS (Major League Soccer, la liga profesional de fútbol de Estados Unidos). Su contrato de dos años y medio se extendería hasta 2025 y era por 150 millones de dólares.

El 16 de julio, Leo entró a formar parte oficialmente del equipo de Miami y vistió su camiseta rosada con cuello. Su explosiva presencia en la cancha ha catapultado al equipo a un nuevo nivel. En los primeros once partidos, Leo anotó catorce goles. La asistencia al estadio y la venta de mercancía del club han aumentado... enormemente. "Estamos hablando del mejor jugador de todos los tiempos", dijo en una entrevista el técnico del Inter Miami, Xavier

Asensi. "Es como poder decir que viste a Tiger Woods jugar, o a Michael Phelps nadar, o a Usain Bolt correr, o haber visto jugar a Michael Jordan o a Tom Brady".

Los Estados Unidos han recibido a Messi con los brazos abiertos. Recibió el galardón de la Major League Soccer al Jugador Más Valioso de 2023 y el premio al Atleta del Año de 2023 de la revista *Time*. Las celebridades y estrellas del deporte han mostrado el mismo entusiasmo que los fanáticos de a pie. Kim Kardashian, LeBron James y Serena Williams han estado en las gradas para ver a Leo en acción en la cancha. El mariscal de los Kansas City Chiefs Patrick Mahomes —que juega otro tipo de fútbol— incluso tuvo la oportunidad de saludar a Leo en un pasillo antes de un partido. "Iba a comenzar su calentamiento", dijo Patrick en una entrevista. "¿Qué debía decirle? [Le dije:] 'Que te diviertas en la cancha'. Y anotó un gol y tuvo una asistencia, así que me parece que se divirtió mucho, la pasó bien... gracias a mí".

Leo está en un buen momento. Le gusta su equipo y a su familia le gusta Miami. Está feliz de jugar en los Estados Unidos. Y sigue siendo el mismo fenómeno sencillo y constante que siempre ha sido, fuese jugando en las polvorientas calles de Rosario, en la verde cancha del Camp Nou, o bajo el deslumbrante sol de Miami. Cuando termine su contrato con el Miami CF, Leo tendrá 38 años. Aún no ha decidido qué quiere hacer después, pero el mundo puede estar seguro de algo: a la carrera futbolística de Leo le queda mucho por delante.

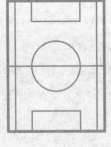

Leo y Ronaldo, frente a frente

Una comparación entre dos de los más grandes futbolistas del planeta.

LEO

Fecha de nacimiento: 24 de junio de 1987

Lugar de nacimiento: Rosario, Argentina

Primer equipo profesional: FC Barcelona

Debut en el fútbol profesional: 16 de octubre de 2004, con 17 años

Copas Mundiales en que ha participado: 5

Copas Mundiales que ha ganado: 1

Goles anotados en toda la carrera: más de 800

Premios Balón de Oro: 8

Tarjetas rojas recibidas en la carrera: 3

Lugar de residencia: Una mansión gigantesca en Miami, Florida

Club actual: Inter Miami FC

Comida preferida: La milanesa que prepara su madre

Auto que conduce: Bueno, solo un Maserati

Vello facial: 0 bigote, 1 barba

RONALDO

Fecha de nacimiento: 5 de febrero de 1985

Lugar de nacimiento: Funchal, Portugal

Primer equipo profesional: Sporting Clube de Portugal

Debut en el fútbol profesional: 29 de septiembre de 2002, con 17 años

Copas Mundiales en que ha participado: 5

Copas Mundiales que ha ganado: 0

Goles anotados en toda la carrera: más de 800

Premios Balón de Oro: 5

Tarjetas rojas recibidas en la carrera: 12

Lugar de residencia: Hotel Four Seasons, Riad, Arabia Saudita

Club actual: Al-Nassr FC

Comida preferida: Bacalhau à Brás, un plato

portugués hecho con bacalao salado, huevos, cebolla y papa

Auto que conduce: Cualquiera de su colección de veinte autos de lujo

Vello facial: 0 bigote, 0 barba

En 2013, Ronaldo declaró a la prensa que la rivalidad era cosa del pasado: "Los fanáticos de Cristiano Ronaldo no tienen que odiar a Messi y viceversa", le dijo a ESPN. "Nos ha ido bien, hemos cambiado la historia del fútbol... Nuestro legado vivirá, pero no veo la rivalidad de esa manera. Hemos compartido el escenario muchas veces... somos colegas profesionales y nos respetamos el uno al otro".

HABLA LEO

Leo habitualmente se expresa con
los pies, pero aquí lo tenemos
opinando con palabras.

 "Este es para ti, Diego".
—dedicando su octavo Balón de Oro al
legendario jugador argentino

 "Todo lo que sea dulce me gusta".
—Leo hablando de sus comidas preferidas

 "Hacer un buen Mundial es estar entre los
cuatro primeros, meternos entre los cuatro
mejores. Argentina, como poco, merece estar
ahí por su historia. Si bien nos costó muchísimo en los últimos Mundiales llegar a esas
rondas, tenemos que estar ahí nuevamente".
—después de la Copa Mundial de 2018

 "Tras ganar el Mundial y no poder ir al Barça,
tocaba ir a la Liga de Estados Unidos para

vivir el fútbol de otra manera y disfrutar
más del día a día".

"Hoy creo que el 95%, 100% de la gente de
Argentina me quiere y para mí eso es una
hermosura".

"Quiero que me recuerden como una buena
persona sobre todo, no solo como un buen
jugador de fútbol".

"Mirá lo que es esta copa, es hermosa.
Sufrimos un montón, pero lo conseguimos".
—después de ganar la Copa Mundial de 2022

"No cambia nada para mí ser el mejor o no...
No me propuse nunca ser el mejor".

"Hay que seguir intentándolo, peleando por
lo que uno quiere".

DATO INTERESANTE

Los dos hijos mayores de Leo, Thiago y Mateo, ya juegan fútbol, siguiendo los pasos de su padre. ¿Y Ciro, el más pequeño? ¡Aún no ha decidido qué deporte será su preferido!

LEO A TRAVÉS DE LOS AÑOS

Abril de 2024

Leo es nombrado el Jugador
del Mes de la MLS

2023

Leo se va del París Saint-
Germain y se une al Miami FC
en los Estados Unidos, para
alegría de los fanáticos de ese
país. Es elegido Atleta del
Año por la revista *Times* y
gana su octavo Balón de Oro,
más que cualquier otro
jugador en activo.

2022

Leo gana su primera Copa Mundial en el partido final ante Francia, que termina en un emocionante duelo a penaltis.

2021

Estremece el mundo del fútbol al anunciar que dejará de jugar para el FC Barcelona y luego firmar con el club francés París Saint-Germain.

2019

Nace Ciro, el tercer hijo de Leo y Antonela.

2017

Leo y Antonela se casan en Rosario.

2016

Leo y su padre, Jorge, son declarados culpables de fraude fiscal en un juzgado español y se les ordena pagar multas.

2015

Nace Mateo, el segundo hijo de Leo y Antonela.

2014

Leo juega con la selección argentina en la Copa Mundial de Brasil. Falla un tiro al arco en el último partido y Argentina cae ante Alemania 1 a 0.

2012

Nace Thiago, el primer hijo de Leo y Antonela.

2009

Leo gana su primer Balón de Oro, el premio individual más importante del fútbol en Europa. Ha ganado ocho en su carrera hasta ahora.

2006

Leo juega con la selección argentina por primera vez en la Copa Mundial en Alemania... ¡y anota un gol!

2005

Leo anota su primer gol oficial con el FC Barcelona y recibe la ciudadanía española, lo que le permite seguir jugando para ese club.

2001

Leo y su familia se mudan de Argentina a Barcelona para que Leo pueda jugar con el FC Barcelona. La familia no se adapta a ese cambio y la mamá de Leo y sus hermanos regresarán más tarde a Argentina.

2000

Leo hace pruebas en la academia juvenil del FC Barcelona y es contratado en diciembre.

1998

Los médicos diagnostican que Leo sufre deficiencia de una hormona del crecimiento. Aprende a ponerse él mismo

las inyecciones que lo
ayudarán a crecer.

1994

Leo se une al equipo juvenil
de fútbol del club de su
ciudad, el Newell's Old Boys.

24 de junio de 1987

Leo nace en Rosario,
Argentina.